Te laisse pas faire!

Données de catalogage avant publication (Canada)

Robert, Jocelyne
Te laisse pas faire !: les abus sexuels expliqués aux enfants

1. Abus sexuels à l'égard des enfants - Ouvrages pour la jeunesse.
2. Abus sexuels à l'égard des enfants. 3. Enfants victimes d'abus sexuels - Psychologie. I. Titre.

HV6570.R62 2000 j362.76'7 C00-940523-2

DISTRIBUTEURS EXCLUSIFS :

- Pour le Canada
et les États-Unis :
MESSAGERIES ADP*
955, rue Amherst,
Montréal, Québec
H2L 3K4
Tél. : (514) 523-1182
Télécopieur : (514) 939-0406
* Filiale de Sogides ltée

- Pour la France et les autres pays :
INTER FORUM
Immeuble Paryseine, 3, Allée de la Seine
94854 Ivry Cedex
Tél. : 01 49 59 11 89/91
Télécopieur : 01 49 59 11 96
Commandes : Tél. : 02 38 32 71 00
Télécopieur : 02 38 32 71 28

- Pour la Suisse :
DIFFUSION : HAVAS SERVICES SUISSE
Case postale 69 - 1701 Fribourg - Suisse
Tél. : (41-26) 460-80-60
Télécopieur : (41-26) 460-80-68
Internet : www.havas.ch
Email : office@havas.ch
DISTRIBUTION : OLF SA
Z.I. 3, Corminbœuf
Case postale 1061
CH-1701 FRIBOURG
Commandes : Tél. : (41-26) 467-53-33
Télécopieur : (41-26) 467-54-66

- Pour la Belgique et
le Luxembourg :
PRESSES DE BELGIQUE S.A.
Boulevard de l'Europe 117
B-1301 Wavre
Tél. : (010) 42-03-20
Télécopieur : (010) 41-20-24

Pour en savoir davantage sur nos publications,
visitez notre site : **www.edhomme.com**
Autres sites à visiter : www.edjour.com • www.edtypo.com
www.edvlb.com • www.edhexagone.com • www.edutilis.com

L'Éditeur bénéficie du soutien de la Société de développement des entreprises culturelles du Québec pour son programme d'édition.

Nous remercions le Conseil des Arts du Canada de l'aide accordée à notre programme de publication.

Nous reconnaissons l'aide financière du gouvernement du Canada par l'entremise du Programme d'aide au développement de l'industrie de l'édition (PADIÉ) pour nos activités d'édition.

Dépôt légal : 2e trimestre 2000
Bibliothèque nationale du Québec

ISBN 2-7619-1552-6

Jocelyne Robert

Illustrations : Gilles Tibo

Te laisse pas faire!

Les abus sexuels expliqués aux enfants

LES ÉDITIONS DE L'HOMME

À Alice, ma gourou de cinq ans

Remerciements

À Gilles TIBO,

pour avoir mis, encore une fois, son grand talent au service de mes textes et, surtout, au service des enfants;

pour nos rencontres de travail qui sont toujours des moments de pur plaisir.

Introduction

Abus sexuel commis sur un enfant, inceste… Des mots qui font froid dans le dos. Des mots qui laissent dans leur sillage un arrière-goût amer, une impression gluante de gestes coupables et traumatisants. Des mots si dérangeants qu'on a longtemps été incapable de les prononcer, de les entendre, de reconnaître les conduites qu'ils enfermaient.

On sait maintenant que la plupart de ces délits sont commis par des proches ou des amis de la famille. On sait aussi, hélas! que beaucoup trop d'enfants demeurent sans défense devant les agresseurs «amis» ou «aimés», que beaucoup trop d'enfants croient, encore aujourd'hui, que n'importe quelle grande personne a tous les droits sur eux!

Comment informer les enfants sans les effrayer? Comment les mettre en garde sans les amener à considérer comme dangereuse toute situation sexuelle? Comment ne pas confondre, nous, les parents, abus et jeux sexuels sains? La prévention des abus sexuels conduira aux résultats souhaités dans la mesure où: a) les informations seront limpides, b) les interventions prendront place dans un climat de calme et d'assurance, c) l'ensemble de la démarche (éducation à la sexualité et prévention des abus) transmettra à l'enfant le sentiment de posséder du pouvoir et d'avoir droit au respect.

L'enjeu est de taille: renseigner les enfants sans miner la crédibilité de tous les adultes qui s'occupent d'eux. C'est un défi, aussi crucial que délicat, que je vous invite à relever.

POURQUOI CE TRISTE SUJET ?

Moi qui ai toujours voulu présenter la sexualité sous les angles de l'épanouissement, du développement de la personne, de la célébration de l'être humain et de la dignité, j'ai longtemps résisté à écrire sur ce sujet douloureux. D'autres l'ont fait, pourquoi le ferais-je? me suis-je maintes fois répété. Et puis, la troublante et grandissante demande des parents, le nombre effarant d'agressions sexuelles recensées, l'urgence pour les enfants d'avoir tous les atouts en mains pour se protéger et enfin, l'inexprimable souffrance observée chez les victimes m'ont finalement convaincue de le faire.

> J'ai quatre ans. Je viens d'être adoptée, cela doit faire quelques jours. Enfin! Je suis folle de joie: j'ai une VRAIE maison, une VRAIE famille. Je suis dans la baignoire avec MON PAPA À MOI. Il me lave de A à Z. Impression floue qu'il insiste sur le Z… Il me sèche affectueusement et m'amène dans la chambre qu'il partage avec ma mère adoptive, absente pour l'instant. Blottie sous les couvertures, bien au chaud, je l'écoute, captivée, me raconter le peu qu'il sait de mes parents biologiques. Souvenir impérissable d'un fugace instant de bonheur qui ne tardera pas à se transformer en histoire d'horreur…
>
> Il me propose un jeu juste pour nous deux. Le voilà nu devant moi. Il tient son sexe qu'il me demande de lécher. « Fais comme si c'était un suçon… », minaude-t-il. Je ne comprends plus rien. Je pleure. J'ai mal au cœur. Et j'ai très peur.
>
> Plus tard. Des jours? Des semaines? Des mois? Je ne sais plus. Dans ma chambre. Sur mon lit. Il est là, par-dessus moi. Couchée sur le ventre, je tiens ma main sur ma vulve pour lui en bloquer l'accès.

J'attends qu'il ait fini de se frotter entre mes fesses. Il grogne comme un porc pendant que j'urine dans mes draps. Je pleure de partout… Si seulement je m'étais noyée dans mes larmes[1]…

Je pourrais noircir toutes les pages de ce livre de semblables témoignages. C'est pourquoi les publications et programmes de prévention des abus sexuels qui insistent lourdement sur l'éventualité d'un agresseur étranger m'irritent au plus haut point. Puisque ce sont les abus sexuels commis par des proches qui sont les plus fréquents et les plus tardivement dévoilés, il est grandement temps de le dire aux enfants : L'agresseur est, hélas ! bien souvent une personne que l'enfant aime et de qui il se sent aimé. Assurer la protection de son enfant ne se limite donc pas à le protéger du prédateur inconnu. « Mais doit-on aller jusqu'à le mettre en garde contre son père ou son frère aîné ? » me demanderez-vous. Ainsi posée, la question est effectivement navrante et tendancieuse. Le but n'est surtout pas d'amener l'enfant à craindre tous les hommes qui vivent près de lui. L'idée est de lui apprendre à reconnaître les gestes sexuels abusifs venant de qui que ce soit, parents et amis inclus, et à s'en préserver.

« Ta maman sera très malheureuse si tu le lui dis. Elle pleurera, tombera malade et mourra… », disait un homme à sa nièce de cinq ans dont il a abusé pendant près d'une année.
« Je gardais le secret pour garder ma mère en vie ! » se souvient Amélie, aujourd'hui âgée de 15 ans.

1. Citation libre d'un témoignage de Pascale, *La gazette des femmes*, vol. 12, nº 4, 1990.

Vous avez compris, j'en suis certaine, que par l'entremise du parent ou de l'adulte responsable, c'est l'enfant que ce modeste ouvrage veut rendre plus fort et plus apte à se protéger. Voilà pourquoi, d'un ton complice, solidaire et rassurant, je l'espère, j'y propose des pistes et des moyens d'intervention, des activités concrètes pour sensibiliser l'enfant d'abord, puis pour lui conférer du pouvoir, sur son corps et sur certains événements de sa vie.

J'informe d'emblée le lecteur que les mises en situation montrent, la plupart du temps, un agresseur masculin. « Préjugé ! objecteront certains, les femmes aussi peuvent abuser ! » C'est en effet possible, mais très rare. Suffisamment rare pour que j'aie décidé de mettre en scène des agresseurs potentiels masculins, ceux que l'enfant risque le plus de trouver sur son chemin.

Dans les pages qui suivent, il ne sera pas question d'enlèvement d'enfants, pas plus que du traitement et des soins à apporter aux victimes d'agressions sexuelles. C'est sur l'autoroute de l'information et de l'éducation en matière de prévention des abus que nous naviguerons. L'itinéraire sera jalonné de haltes-parents, de stations-enfants et d'escales privilégiées à découvrir en équipe.

1. Comment aborder ce livre

Trop d'enfants entendent parler de sexualité pour la première fois sous l'angle des abus. Notre société a enfin décidé de ne plus tolérer l'intolérable (du moins théoriquement), bravo ! Il s'agit maintenant d'insérer ce type d'intervention dans une démarche éducative globale. Les enfants ne devraient pas être sensibilisés à la dimension de l'exploitation sexuelle sans avoir, au préalable, été informés des faits sexuels épanouissants et respectueux. Il serait donc regrettable d'utiliser ce livre pour guider leurs premiers pas dans l'univers de la sexualité. Si c'est ce que vous aviez prévu, reportez ce projet, rangez ce livre et assurez-vous d'abord que votre enfant a suffisamment intégré de notions de sexualité exprimée dans le respect, la réciprocité et le consentement[2]. Plus tard, vous reviendrez à l'épineux sujet de l'exploitation sexuelle avec lui ou elle. Je vous propose une démarche par étapes :

- Lisez d'abord cet ouvrage seul ou avec votre conjoint ou conjointe. Vous constaterez que certains passages s'adressent

2. Mes livres de la collection « Ma sexualité » (de 0 à 6 ans, de 6 à 9 ans, de 9 à 12 ans) et *Parlez-leur d'amour… et de sexualité* peuvent vous aider à entreprendre cette démarche avec eux. Vous les trouverez dans toutes les bibliothèques et dans les librairies.

spécifiquement à l'adulte alors que d'autres sont destinés à l'équipe parent-enfant (gros caractères en couleurs).

- Prenez conscience de ce qui crée de l'insécurité en vous, du pourquoi de votre malaise.
- Identifiez les sujets dont vous avez déjà parlé à votre enfant: y a-t-il des points sur lesquels vous voudriez revenir ou des informations qui l'ont apeuré?

- Saisissez un moment propice — une histoire qu'il vous raconte à propos d'un ami, une information reçue à l'école ou à la garderie, une émission de télé, un événement relaté par les médias — pour consulter avec lui ou elle une section de ce livre. Si l'occasion ne se présente pas, provoquez-la en l'invitant à regarder, avec vous, les illustrations et les mises en situation qui le concernent.
- Allez-y graduellement, selon sa curiosité, sa disponibilité, sa compréhension…

Je dis souvent qu'il faut éviter de mentir aux enfants. Mais ne pas les tromper n'équivaut pas à tout leur dire, toujours. Dans certains cas, il est préférable de ne pas tout dévoiler. Je pense, par exemple, à l'affaire Dutroux, survenue en Belgique il y a quelques années. Tout le monde se souvient de cet horrible drame et de l'indignation mondiale provoquée par la découverte des petits cadavres de Julie et de Mélissa, jetés comme des kleenex après usage par leurs tortionnaires. Il est inutile de raconter aux enfants jusqu'où peut aller l'horreur ou d'essayer de leur faire comprendre l'incompréhensible et l'impuissance des adultes devant certains drames.

Ma petite Blanche savait que des fillettes avaient été « volées », que la police avait si bien travaillé que deux d'entre elles, Laetitia et

Sandrine, avaient été retrouvées. Du sort immonde subi par Julie et Mélissa avant leur meurtre, je ne lui ai rien dit. Nous avons jugé, son père et moi, que c'était mieux ainsi pour elle et pour nous qui étions suffisamment bouleversés[3]... »

- N'importe quel enfant peut-être victime d'abus sexuel.
- L'agresseur peut être une personne connue et aimée.
- C'est un acte inacceptable dont il faut parler.

3. Louis, Sylvie, « Avis de recherche », *Magazine Enfants Québec*, vol. 12, nº 4, Montréal, 2000.

2. Parents protecteurs et vigilants

Il est bien dommage de devoir mettre nos enfants en garde contre les excès de quelques déséquilibrés. Quelle tristesse d'être obligé d'insinuer un doute dans leur esprit. Mais il le faut bien ! Puisque les ogres et les loups n'existent pas que dans les contes, il faut donner des explications d'une voix calme et rassurante. Plus l'enfant se sentira en possession de ses moyens face à ces réalités, mieux ce sera.

PAS DE PANIQUE, LES MAMANS !

Bien qu'on en parle beaucoup, il est important de rappeler que seule une minorité d'hommes profite sexuellement des enfants. Fait intéressant à observer : les études montrent que les pères qui ont materné et soigné leur poupon (bain, changement de couche, etc.) abusent très rarement de leur enfant. Ces constatations portent à croire que le « maternage paternel », le *nurturing,* disent les anglophones, ruinerait toute impulsion érotique envers ses enfants et « que le rapport d'intimité, vécu et assumé par les pères dans leur propre enfance puis envers leurs propres enfants, puisse être un facteur de protection privilégié en matière de prévention de l'abus sexuel[4] ».

4. Manseau, Hélène, « Abus sexuel et troubles de l'intimité : mieux comprendre pour mieux agir », *Revue sexologique,* Montréal, Éd. Iris, vol. 1, n° 2, 1993.

Pour la plupart des mères, évoquer la possibilité que leur enfant puisse être victime d'abus sexuel est insupportable. Elles doivent pourtant se garder de soupçonner maladivement tous les hommes. La confiance est indispensable dans une famille. La surprotection et l'inquiétude excessive plongent l'enfant dans un état d'angoisse qui risque de lui faire perdre ses moyens s'il est sujet à une sollicitation sexuelle. De plus, bien des enfants choisissent de se taire plutôt que de mettre leurs parents dans tous leurs états. Plus vous montrerez d'aplomb, d'assurance et de calme, plus vous lui en insufflerez.

LES PAPAS, RESTEZ VOUS-MÊMES

Bien des hommes se sentent gênés, voire offensés, par les discussions sur les agressions sexuelles d'enfants. Certains ont le sentiment d'être observés par leur entourage, au point de ne plus savoir comment se comporter: « Puis-je continuer de prendre un bain avec ma fillette? Comment interprétera-t-on le fait que je cajole mon fils? » Ces appréhensions ne doivent en aucun cas vous conduire à priver votre marmaille de contacts chaleureux. Elles peuvent et doivent générer des effets positifs, mener à des dialogues utiles sur le sujet.

En matière de câlineries corporelles, les règles sont les mêmes pour sa fille ou son garçon : écouter ses propres sentiments et être attentif aux réactions de l'enfant. La responsabilité de tracer les limites, pour soi et pour l'enfant, appartient à l'adulte. Un enfant de trois ou quatre ans peut innocemment demander à sa maman de lui montrer son vagin ou vouloir toucher le pénis de son papa. C'est la responsabilité du parent de tirer la ligne qui sépare le geste affectueux du contact trop intime. Par ailleurs — il faut bien en parler, l'inceste père-fille étant une réalité par trop fréquente —, si vous ressentez des émotions sexuelles au contact de votre enfant ou d'un enfant : érection lorsque vous le prenez sur vos genoux, attrait érotique en lui donnant son bain ou à la vue de son corps nu, de grâce, réagissez ! Allez consulter sans tarder. Ces émois, même s'ils ne vous conduisent pas à des gestes, nuisent à l'enfant qui les perçoit confusément et les interprète à sa manière.

DES YEUX GRANDS OUVERTS

Au Québec, l'article 38 de la *Loi sur la protection de la jeunesse* oblige une personne à signaler toute situation qui compromet la sécurité ou le développement de l'enfant. L'alinéa G se rapporte précisément à l'exploitation sexuelle. Toute personne est tenue de signaler un soupçon d'abus sexuel, qu'il concerne son propre enfant ou un autre bambin. Soyez à l'affût mais sans méfiance excessive.

Pour que l'enfant soit capable de reconnaître une situation d'exploitation sexuelle et de s'en défendre il doit avoir été, au jour le jour, aidé et encouragé à faire respecter son corps et son intimité.

> Durant toute mon enfance, mon grand frère cherchait à se tirailler avec moi et je détestais cela ! Il faisait deux fois mon poids, m'immobilisait, me rivait au plancher puis me chatouillait comme un débile. Je hurlais d'impuissance et de rage. Parfois, il demandait à mon petit frère de me tenir les jambes pour que je cesse de gigoter.

> Je me sentais agressée. Plus tard, j'ai demandé à ma mère pourquoi elle le laissait faire cela. « Je croyais que vous vous amusiez », m'a-t-elle répondu.

Cette jeune fille n'a pas subi d'agression sexuelle dans le sens où on l'entend généralement. Elle fut néanmoins contrainte de subir des contacts et une promiscuité qu'elle ne désirait pas. Une autre raconte :

> C'est un souvenir, en apparence banal, qui m'a profondément marquée. Je devais avoir une douzaine d'années et je me chamaillais avec mon père. Au cours de cette lutte amicale, j'ai tiré par inadvertance sur son caleçon de jogging et j'ai aperçu son pénis, dressé, en érection. J'ai été bouleversée. Je ne pouvais imaginer que mon père puisse avoir une réaction sexuelle à mon contact. Dès lors, quelque chose s'est brisé en moi. À partir de ce jour, il me dégoûtait et je m'en suis éloignée.

3. Pour y voir clair

QU'EST-CE QU'UN ABUS SEXUEL ?

L'abus sexuel présente une kyrielle de visages grimaçants allant de l'exhibitionnisme aux attouchements génitaux et va jusqu'au viol brutal ou à la conduite incestueuse prolongée. L'utilisation des enfants dans la pornographie et dans la prostitution en est une forme commercialisée que je ne traiterai pas ici. L'abus sexuel dont il est question dans cet ouvrage est le fait de l'adulte ou de l'adolescent qui contraint l'enfant à une interaction génitale, passive ou active. On doit l'expliquer simplement et clairement à l'enfant: « Un abus sexuel, c'est quand un grand veut te montrer ou te montre son sexe, quand il t'invite à toucher son pénis ou à te laisser toucher ou embrasser le pénis, la vulve ou les fesses. C'est aussi quand il se colle et se frotte contre toi d'une manière qui t'embarrasse. » C'est un abus de pouvoir: l'agresseur impose à l'enfant des « jeux » qui ne sont pas de son âge dans le but unique de satisfaire sa libido perverse. Cela témoigne d'un trouble personnel et relationnel de l'adulte, d'un grave dérèglement. C'est rarement une manifestation brutale de la sexualité, mais plutôt l'expression sexualisée d'une violence qui simule la douceur sur plus faible que soi. Plus l'agresseur est une personne proche et significative pour l'enfant, plus les séquelles qu'il subit sont graves.

LES ÉTAPES DE L'ABUS SEXUEL

1. Une grande personne exploite le besoin d'affection et la vulnérabilité d'un enfant dans le but d'obtenir des faveurs sexuelles. L'enfant ignore le but poursuivi par l'adulte et se réjouit de ces marques d'attention ; il se croit aimé, unique et important.
2. Elle invite et incite l'enfant à lui prodiguer des caresses génitales ou à s'y soumettre. Si l'enfant a plus de quatre ou cinq ans, il est mal à l'aise, confus et sent que tout cela est mauvais. (C'est à l'étape de l'invitation que le plan de l'agresseur est saboté lorsque l'enfant affirme énergiquement son refus et sa volonté de le dénoncer.)
3. Elle récompense l'enfant et impose le secret. L'enfant est malheureux, se sent coupable et honteux.
4. Elle exerce un chantage et menace l'enfant. Ce dernier se sent dans une impasse et sombre dans la détresse.

La sollicitation sexuelle, même lorsqu'elle échoue, plonge l'enfant dans un climat d'insécurité et de désarroi.

DÉVOILEMENT

Voici quelques chiffres tout à fait confondants. Lorsqu'un enfant révèle, à l'un ou l'autre de ses parents ou aux deux, qu'il a subi un abus sexuel, 43 p. cent d'entre eux ne le prennent pas au sérieux. Dans certaines situations bien réelles, rien n'est fait pour empêcher la récidive. Lorsque l'abus est dévoilé à une tierce personne, du milieu scolaire ou social, on croit l'enfant dans 83 p. cent des cas. Cependant, 28 p. cent de ces personnes ne prennent aucune mesure à la suite du dévoilement de l'abus[5]! Comment pouvons-nous blâmer les enfants qui redoutent de ne pas être crus s'ils signalent une agression!

GROS CHIFFRES... GROSSES BLESSURES

Les victimes d'abus sexuels sont majoritairement des filles âgées de 2 à 17 ans (plus de 85 p. cent, selon certaines études[6]) au moment du premier abus, l'âge moyen se situant à 10,6 ans. Dans 63 p. cent des cas, ces enfants vivent dans une famille intacte et plus de 9 fois sur 10[7], l'agresseur est un homme adulte, hétérosexuel, proche de l'enfant.

Le père ou le beau-père est le plus souvent impliqué; viennent ensuite d'autres adultes masculins connus de la victime (ami de la famille, oncle, grand frère, grand-père, gardien, voisin...). Seulement 6 p. cent des abus sexuels perpétrés mettent en scène une personne totalement inconnue de l'enfant[8] et l'âge moyen de l'agresseur chute dans un contexte extra-familial.

Pourquoi l'enfant agressé par un proche tarde-t-il tant à se confier? Parce qu'il a peur, parce qu'il a honte et, plus insoutenable encore, parce qu'il aime la personne qui exerce un chantage sur lui. Partout en Amérique

5. Manseau, H., *ouvr. cité.*
6. Tourigny, M., Péladeau, N. et C. Bouchard, «Abus sexuel et dévoilement chez les jeunes Québécois», *Revue sexologique,* vol. 1, n° 2, Ed. Iris, 1993.
7. Neuf fois sur 10 selon P. Bégin, dans *L'exploitation sexuelle des enfants: mémoire retrouvée ou faux souvenir?*, Ottawa, 1994; dans 98 p. cent des cas selon M. Tourigny et autres, *ouvr. cité.*
8. Tourigny, M., *ouvr. cité.*

du Nord, les données sur l'incidence des abus sexuels envers les enfants montrent que le nombre de jeunes victimes ne cesse d'augmenter. Et malgré cette hausse vertigineuse, les statistiques connues ne représenteraient qu'une infime partie des agressions réellement commises. En effet, bien que 80 000 situations d'abus sexuels d'enfants soient signalées chaque année aux États-Unis, certaines recherches estiment que de 75 p. cent à 90 p. cent des délits réels ne seraient jamais signalés aux organismes de protection[9].

Aucun enfant ne peut surmonter une expérience d'abus sexuels répétés sans être profondément perturbé. À l'intérieur de la famille, les gestes coupables commencent parfois lorsque l'enfant est au berceau, sous la couverture de jeux et de cajoleries. Je me souviens de Francesca qui, à 15 ans, se libéra de l'étouffant secret qui la liait à son père et à son frère, de 10 ans son aîné. Elle ne se souvenait pas du moment où tout avait commencé, la situation ayant, à sa mémoire, toujours existé :

> Aussi loin que je me souvienne, je me suis fait tripoter et je devais en faire autant… Jusqu'à ce que j'entre à l'école et que je côtoie d'autres enfants, je croyais que c'était une situation trouble mais normale. À partir du moment où j'ai compris que les autres enfants ne passaient pas par là, je me suis sentie encore plus mal dans ma peau, coupable, déchirée.

Aucun enfant n'est armé pour faire face à des rapports sexualisés avec un adulte, à plus forte raison s'il est tout petit. À deux ou trois ans, il ne sait pas que ces gestes sont malsains et mauvais. L'abus s'incruste dans sa vie et dans son corps, engendre des problèmes, maux et misères résultant de son incapacité à « porter » cette stimulation pernicieuse.

9. Source : Academy of Child and Adolescent Psychiatry (AACPA), page web, mai 1996.

Vers cinq ans, lorsqu'il prend conscience que tout cela est mal, il est doublement piégé : il est écartelé entre l'affection qu'il éprouve pour son agresseur et son profond sentiment que leur relation n'est pas correcte. Sa détresse culmine lorsqu'il veut échapper aux abus et que l'exploiteur le menace. Son univers s'écroule. Les Américains qualifient ce sentiment de *loss of love.*

Plus longtemps l'enfant tentera de sauvegarder l'équilibre familial par son silence et ses justifications imaginaires, plus son intégrité affective et psychologique sera atteinte. Il s'approprie un rôle insoutenable de « sauveteur-victime » qui va bien au delà de ses forces, qui est incompatible avec son statut d'enfant. Son estime personnelle est irrémédiablement fragilisée ; il développe une conception inadéquate de la sexualité et, une fois adulte, il parviendra difficilement à établir des relations saines avec autrui.

LE PLAISIR FUNESTE

Quelque chose de fondamental se brise chez l'enfant qui découvre le plaisir sexuel au contact de l'adulte. Une petite fille attend de son géniteur qu'il soit un père affectueux et aimant, pas un amant ! Un petit garçon attend de son éducateur ou de son entraîneur sportif qu'il soit un guide éclairant, pas un amoureux ! L'enfant ne sait pas qu'aucun ordinateur interne ne supervise les réactions physiologiques. Il ignore que le corps humain n'est pas programmé pour réagir sexuellement seulement avec certaines personnes ou en certaines circonstances[10].

10. Comme la stimulation du sein lors de l'allaitement peut provoquer chez la femme une excitation sexuelle bien involontaire.

Son malaise, son sentiment de culpabilité, son désespoir seront décuplés lorsque, malgré la souffrance que lui inflige la relation d'inceste ou d'abus, il y trouve du plaisir.

L'agresseur se sert de cette confusion pour maintenir l'enfant sous son joug, pour lui faire croire qu'il y consent: « Tu aimes cela », « Tu m'as provoqué », « Tu voulais ».

Pour apaiser sa souffrance, pour liquider son sentiment de culpabilité, la victime devra éventuellement être aidée à se déresponsabiliser de ces émotions paradoxales.

C'est extrêmement pénible, même pour un adulte équilibré, d'accuser une personne chère et de maintenir ses accusations. Cela devient une démarche insoutenable pour un enfant qui ne reçoit pas l'appui d'adultes significatifs autour de lui. Ainsi isolé, il tentera, pour sauvegarder ce qu'il lui reste d'équilibre, d'oublier, de censurer ou de minimiser l'événement qui a eu lieu sur la scène de son corps.

DES ENFANTS PLUS À RISQUE QUE D'AUTRES?

Les filles de 6 à 11 ans sont plus exposées à subir l'abus sexuel à l'intérieur de la famille. Les jeunes de 12 à 17 ans courent plus de risques d'être victimes d'abus à l'extérieur de la famille. Les moins de six ans appartiendraient au groupe d'enfants le moins à risque. Bémol: cette sous-représentation peut s'expliquer par l'incapacité des tout-petits à identifier une situation d'abus et à la verbaliser ainsi que par l'absence de personnes de confiance dans leur entourage, autres que le ou les abuseurs. De surcroît, certaines études[11] ont montré que les enfants de 6 à 12 ans, s'ils montrent une certaine aisance à identifier et à trouver des solutions lors de mises en situation fictives d'exhibitionnisme, de harcèlement ou d'agression sexuelle commise par un étranger,

11. Tourigny, M., *ouvr. cité.*

échouent lamentablement quand il s'agit de dénouer les histoires d'inceste. Se taire leur semble alors la moins pire des issues pour éviter la séparation des parents, l'emprisonnement du père, ou encore la mise en péril du couple et la destruction familiale dont ils porteraient la faute. Voilà pourquoi il faut remettre aux adultes la responsabilité première de prévenir les abus sexuels des enfants.

Nul enfant n'est totalement à l'abri des prédateurs sexuels. Cependant, certains enfants sont plus vulnérables que d'autres : ceux qui manquent d'affection, ceux qui sont boulimiques d'attention, ceux qui évoluent dans un milieu replié sur lui-même, milieu où il y a peu ou pas d'ouverture et d'échange sur la sexualité et où l'éducation sexuelle est inexistante. L'attitude familiale en matière de prévention est toujours capitale pour que l'enfant intègre l'idée de se protéger sans être tout chamboulé.

- Il faut prévenir l'enfant qu'il peut être l'objet de sollicitations sexuelles de la part d'adultes.
- Il faut le faire à des moments propices, en intégrant naturellement ces informations aux situations de la vie quotidienne.
- Le message doit être clair, calme et constructif.

4. Tout faire pour le mieux

L'abus sexuel est une abstraction pour l'enfant. Ne sachant pas d'emblée ce que c'est, il ne peut s'en méfier instinctivement. Aucun panneau routier n'indique ou n'annonce la présence sur sa route d'un prédateur. Pas de sonnerie qui retentit non plus au moment d'en croiser un. Raison de plus pour aborder le sujet avec lui. Tout comme on lui apprend à se laver les mains pour éloigner les microbes, tout autant invisibles, l'informer des risques d'abus, c'est lui apprendre à les éviter.

L'ÉDUCATION SEXUELLE AVANT TOUT

Une prémisse: l'enfant doit être franchement renseigné sur la nature de la sexualité, sur l'anatomie comparée des sexes, sur la fabrication des bébés, mais aussi sur les notions de plaisir et de désir qui s'y rattachent. Il saura ainsi faire la différence entre des comportements sexuels sains et des comportements sexuels déviants. De plus, l'enfant dénué de vocabulaire sexuel ne pourrait décrire la sollicitation dont il a été l'objet ou l'abus dont il a été victime. Quand et comment l'instruire des composantes heureuses ou malheureuses de la sexualité? Très tôt, en profitant des moments favorables à la transmission de ce type d'informations. Expliquer des choses à l'enfant ne risque jamais de le perturber; silence et mystère sont, en revanche, beaucoup plus angoissants.

PAS DE FEU ROUGE SANS FEU VERT

Une fois qu'on lui a permis de dire OUI: OUI à sa curiosité sexuelle spontanée, OUI aux jeux sexuels naïfs entre enfants qui découvrent leur corps, OUI aux comportements sexuels égalitaires et respectueux, on doit lui enseigner le droit et le devoir de dire NON en certaines circonstances: NON à l'adolescent *cool* qui tente de le tripoter en lui apprenant à nager, NON au gentil monsieur qui veut le raccompagner, NON à n'importe quel proche qui veut lui faire des choses qui le gênent, qui lui font peur ou mal.

Trop d'enfants ignorent l'interdit de l'inceste. Celui-ci doit être affirmé hâtivement et formellement:

> «Quand je serai grande, je me marierai avec papa.
> — Non. Jamais vous ne vous marierez. Ton papa est mon amoureux à moi; un jour, toi aussi, tu auras ton amoureux, quand tu seras grande. Et ce sera très bien.»

Lorsque cette condamnation est signifiée tôt, le tout-petit comprend que l'interdiction est à double sens : « Si je n'ai pas le droit d'être l'amoureuse de papa, il n'a pas le droit de se comporter comme un amoureux avec moi ! »

On peut, en de telles occasions, lui signaler qu'il arrive que des parents se conduisent avec leurs enfants comme si ceux-ci étaient des adultes en ayant des contacts sexuels avec eux. Il faut alors lui dire que cela n'est pas normal, que c'est un crime condamné par la loi, que ces parents-là ont un grave problème, qu'il faut refuser leurs propositions et les dénoncer si on veut les aider.

Vous venez de surprendre votre fillette en train de jouer au docteur avec son petit copain. Vous pourriez saisir ce moment pour prévenir :

« Jamais avec les grands. Même pas ceux de la famille. »

L'enfant comprendra : « C'est normal que je sois curieuse. » La sexualité, c'est beau et bon avec ceux ou celles de notre âge et quand les deux le désirent.

UN CODE ÉDUCATIF À REPENSER

Non aux bisous obligés

Quand vous vous baladez en ville, trouveriez-vous agréable qu'un inconnu vienne vous caresser les cheveux ? Qu'au travail, votre supérieur insiste pour que vous l'embrassiez parce qu'il a eu une attention pour vous ? Certes pas ! Combien de fois les enfants sont-ils touchés, cajolés ou pris dans les bras alors qu'ils ne le souhaitent pas ? Pour être capable de se protéger des abus sexuels, l'enfant doit être conscient de lui-même, de son droit et de sa capacité de dire non. On ne devrait jamais insister pour qu'il donne un bisou s'il ne le fait pas spontanément. Pas même à grand-maman ! L'enfant doit décider lui-même des gestes affectueux qu'il prodigue ou accueille, et

tout adulte exerçant une fonction éducative est tenu de l'aider à développer cette faculté. Si grand-mère est tellement triste de ne pas avoir sa caresse et si grand-père menace de ramener son cadeau parce qu'il n'a pas eu de câlin, l'enfant retient comme message: « Si je refuse les touchers et les cajoleries, cela ne m'apporte que des ennuis! »

Vous sentez votre enfant mal à l'aise lorsque telle personne l'embrasse ou lui fait une caresse? Voilà un bon moment pour bavarder avec lui de sa perception et de son appréciation des touchers.

« J'ai l'impression que tu n'aimes pas lorsque oncle Gaston t'embrasse et te prend sur ses genoux?
— Non. Il me serre fort et il pue le cigare!
— D'accord. La prochaine fois, tu le lui diras ou je le ferai pour toi. On lui dira que tu préfères lui serrer la main et que c'est bien ainsi, OK?
— Oh oui! »

Il est risqué qu'un enfant assimile l'idée qu'il doit une obéissance absolue à toutes les grandes personnes. Aussi faut-il porter attention aux énoncés qui laissent croire qu'il est obligé de faire tout ce que sa gardienne ou son moniteur lui propose. S'il vous raconte une histoire sexuelle qui met en scène un adulte et un enfant, affirmez sans tarder que cela n'était pas la faute de l'enfant. Il sentira votre disposition à recevoir des confidences de cette nature si ça devait lui arriver, à lui ou à un ami :

> « Si jamais un grand exige de toi des choses que tu sens mauvaises pour toi, tu dois en parler ; à moi ou à quelqu'un en qui tu as confiance. »

Attention au mot amour

Si cher que soit à la plupart d'entre nous le sentiment amoureux et si important soit-il pour vous d'y associer la sexualité, il convient de ne pas utiliser le mot amour à tout vent. En associant systématiquement amour et sexualité, nous transmettons à l'enfant un message ambigu lui laissant croire que tout geste sexuel est une marque d'amour et que l'amour ne peut s'exprimer en dehors de la sexualité, pas plus que la sexualité hors de l'amour. Or, si nous lui inculquons aveuglément l'idée que ces deux inclinations sont indissociables, comment pourra-t-il reconnaître un abus sexuel commis par une personne aimée et se défendre ? Quelle interprétation fera-t-il ensuite de la violence sexuelle ? De la pornographie et de la prostitution qui n'ont rien à voir avec le sentiment amoureux ?

Les secrets-bonheur et les secrets-poison

Que c'est agréable d'avoir un secret ! La plupart du temps, quand quelqu'un nous confie un secret, on est flatté, on se sent important. On jure de n'en parler à personne. Et quand on partage un secret avec un copain, c'est signe qu'on a bien confiance en lui.

Il y a de beaux et doux secrets. Ils rendent heureux et font plaisir.

Les secrets-bonheur: tu peux les garder

- Ne pas dire à ton ami que sa maman lui prépare une fête surprise pour son anniversaire.
- Ne pas révéler le cadeau qu'oncle Jean veut offrir à sa filleule.
- Ne pas rapporter à Émilien qu'Alice le trouve bien beau, si elle a demandé ta discrétion.
- Ne pas dire à maman que papa et toi lui préparez un festin pour ce soir.
- Ne pas répéter que Mathieu est nul en arithmétique s'il t'a parlé de ses difficultés.

Mais il y a des secrets empoisonnés. Ceux-là ne méritent pas d'être des secrets.

Les secrets-poison: tu dois t'en débarrasser

- Le dire lorsque quelqu'un blesse une autre personne.
- Le dire lorsque quelqu'un te force à l'embrasser ou à le toucher ou s'il se frotte contre toi d'une manière que tu juges déplaisante.
- Le dire lorsque quelqu'un t'intimide ou te menace de voler ton lunch ou ton vélo.
- Le dire lorsque quelqu'un t'oblige à voler des choses et à les lui remettre, ou te force à lui remettre tes objets ou ton argent.

- Le dire si quelqu'un insiste, même avec douceur et promesses de cadeaux, pour que tu le touches ou que tu te laisses toucher, chatouiller ou embrasser.

Quand on garde pour soi un secret-poison, on s'intoxique. Il faut rejeter le poison de la même façon qu'on vomit lorsqu'on a avalé un aliment avarié. Dès qu'on confie le mauvais secret à ses parents, on se sent mieux, libéré. Et si le secret-poison concerne ses parents, il faut le dire à une autre grande personne de confiance, sans tarder. Cette grande personne peut être ton enseignante, l'éducatrice du service de garde, ta grand-maman, ta tante, etc. C'est la seule façon d'agir pour venir en aide à toutes les personnes concernées par le secret.

La chanson du secret-bonheur (sur l'air de Matantirelirelou)

« J'ai un doux secret, ça m'fait rire, ça m'fait rire

j'ai un doux secret, ça m'fait rire, c'est si beau

— Si tu m'en parlais, ça m'fait rire, ça m'fait rire,

si tu m'en parlais, ça m'fait rire, c'est si beau

— Seras-tu discret? Ça m'fait rire, ça m'fait rire,

seras-tu discret, ça m'fait rire, c'est si beau

— J'le dirai jamais, ça m'fait rire, ça m'fait rire,

j'le dirai jamais, ça m'fait rire, c'est si beau

— J'ai fait un bécot, qui m'fait rire, qui m'fait rire

J'ai fait un bécot à mon ami Roméo! »

Wow ! Quel beau secret !
Un beau secret, on peut le garder.
Ou le partager avec un ami.

La chanson du secret-poison (sur l'air de Matantirelirelou)

« Moi, j'ai un secret, ça me peine, ça me peine,
moi, j'ai un secret, ça me peine trop trop trop
— Tu dois en parler, de ta peine, de ta peine
tu dois en parler, ça te peine trop trop trop
— Je suis si gêné, ça me peine, ça me peine,
je suis si gêné, ça me peine trop trop trop
— Tu s'ras soulagé, de ta peine, de ta peine
tu seras soulagé de ta peine trop trop trop
— Je cours tout de go dire ma peine, dire ma peine
je cours tout de go la dire à Mamie-Jojo »

Berk! Quel secret empoisonné! Un secret qui fait mal ou qui rend triste ne mérite pas d'être un secret. Alors, on doit le confier à une grande personne en qui on a confiance. Jusqu'à ce qu'on obtienne l'aide et le réconfort dont on a besoin.

Le droit au respect de son intimité

L'enfant sera d'autant mieux outillé pour se faire respecter qu'on lui aura appris en quoi consiste son droit de ne pas se laisser envahir. En voici une illustration.

Jules, 7 ans, paraît bien grognon à son retour de chez Tatie Anna. Son papa, en préparant son goûter, l'invite à bavarder…

«Ça n'a pas bien été chez Tatie Anna?

— Oui. Heu…, non.

— Comment cela?

— La fille de Tatie Anna a vu mon «kikini» et je ne voulais pas.

— Elle a vu ton pénis. Comment est-ce arrivé?

— Elle est entrée dans les toilettes et elle m'a vu.

— Tu n'as pas aimé qu'elle entre sans frapper?

— Ouais… Je voulais pas qu'elle me voie.

— Tu le lui as dit?

— Oui. Et elle a ri!

— Tu as bien fait de le lui dire. Et Tatie Anna, elle n'a rien dit?

— Non. Elle riait elle aussi.

— Et tu sais pourquoi elle est entrée dans les toilettes?

— Elle cherchait quelque chose dans l'armoire. Je lui ai dit de s'en aller, mais elle ne m'a pas écouté.

— Tu as eu peur quand elle est entrée?

— Non. J'étais gêné. Puis fâché. Elle se moque toujours de moi.

— Je suis content que tu m'en aies parlé. Et maintenant, es-tu toujours fâché?

— Oui, mais moins. Je ne veux plus qu'elle fasse cela.

— Tu as raison. Préfères-tu ne plus te faire garder chez Tatie Anna?

— Oh non ! Je l'aime bien quand même.
— Veux-tu que nous parlions de tout cela avec Tatie Anna et sa fille ?
— Oui. »

Voilà un incident sans gravité, mais tout de même révélateur et intéressant à décortiquer. D'abord, quelle attitude invitante de la part du père! Jamais il ne s'est moqué de Jules et c'est ce qui a permis d'établir le dialogue. En se montrant réceptif à son malaise, il lui a confirmé que même tout petit, il avait droit au respect. Puis, en le félicitant d'avoir exprimé son désaccord à son «envahisseuse» et ensuite de s'être confié à lui, il l'a rassuré. Jules a certainement retenu qu'il pouvait toujours compter sur son papa et lui parler des choses qui le tracassent. Par ailleurs, cette franche conversation a rassuré le père sur cet événement inoffensif et a permis à son enfant de se sentir soulagé. Enfin, en proposant à son fils d'en parler avec les intéressées pour éviter que la situation ne se reproduise, papa s'est révélé être son allié.

Comme quoi les situations apparemment anodines de la vie quotidienne peuvent donner lieu à des échanges complices et privilégiés entre parents et enfants.

Les règles de politesse

Tous les parents souhaitent que leurs rejetons soient polis, bien élevés: tenir la porte, aider une vieille dame à traverser la rue, porter les paquets, etc. Cependant, ces bonnes actions ne doivent pas compromettre la sécurité des enfants. Il faut les informer qu'un service rendu ne doit jamais être risqué, c'est-à-dire qu'il doit avoir lieu dans un endroit public, au vu et au su d'autres personnes. Ainsi, porter les sacs d'épicerie à la voiture d'un étranger dans un stationnement, s'approcher d'une voiture pour indiquer la route à une personne égarée, aider un handicapé inconnu sont des comportements risqués lorsqu'ils se déroulent en l'absence d'un adulte responsable.

Soyez vigilant si votre enfant témoigne d'une émotion négative en parlant d'un adulte ou d'un grand ou lorsque, sans le dire, il l'exprime autrement: corps qui se raidit, grimace, rictus, air de dégoût ou de gêne lorsque quelqu'un s'approche de lui.

5. Un SAC à outils bien garni

L'ENFANT DOIT SAVOIR :

- qu'il ne doit pas accepter des promesses et des cadeaux offerts par une personne qui lui propose de la suivre, homme ou femme, ou qui sollicite son aide ; il ne doit pas même s'approcher d'une voiture pour répondre aux questions d'un automobiliste égaré ;
- que le prédateur sexuel a souvent l'air correct et gentil ;
- qu'il doit se méfier d'un individu qui recherche des situations de rapprochement physique avec lui ;
- où et à qui s'adresser en cas de besoin pour être aidé.

L'ENFANT DOIT AGIR

- en s'éloignant dès qu'une situation lui semble louche;
- en racontant, à vous ou à une personne de confiance, ce qui lui est arrivé;
- en allant, en votre absence, demander l'aide des personnes que vous lui avez recommandées.

L'ENFANT DOIT COMPRENDRE

S'il ne comprend pas le pourquoi de la prudence, l'enfant aura tendance à dramatiser en s'inventant un cruel « monstre sexuel » qui n'a rien à voir avec le pédophile « affectueux ». Par ailleurs, si vous ne lui expliquez pas pourquoi il doit refuser les bonbons d'un étranger, il croira que c'est parce que les sucreries donnent des caries ou encore que ces friandises sont empoisonnées…

Fournir des outils de prudence et de discernement à l'enfant, c'est un peu comme le faire vacciner. Cela ne l'empêche pas d'attraper le virus ou la maladie, mais ça lui permet d'y résister.

Amusez-vous ensemble à réciter ou, mieux, à « rapper » cette comptine, en masculinisant ou en féminisant les termes selon le sexe de votre enfant.

Le patron, c'est moi !

Je suis une grande patronne,
Haute comme trois pommes
La seule maître à bord
De mon propre corps

Je suis un vrai patron
Alors personne
Même un grand et fort
Ne doit me faire de tort

Je suis la seule patronne
C'est NON ! Bonhomme
Ne me touche pas !
Tu n'as pas le droit !

Je peux dire oui, je veux dire oui
À la tendresse, à la caresse
De mon petit ami

Je sais dire NON ! et fort je le dis
À la fausse tendresse
Du grand malappris

LES ÉTAPES POUR DEVENIR UN PATRON ACCOMPLI

Première étape

Il faut amener l'enfant à démêler l'écheveau des personnes inconnues, familières, amies ou proches. L'inconnu, c'est l'étranger qu'il ne connaît pas ou qu'il a vaguement croisé. Faites-lui comprendre qu'il ne doit jamais fraterniser avec des adultes ou des adolescents que vous ne lui avez pas présentés et qu'il ne devrait pas les considérer comme des personnes de confiance, si attachantes, sympathiques ou nécessiteuses qu'elles puissent paraître.

La personne familière est soit une personne de confiance, soit une personne non significative qui gravite dans son environnement. Rédigez, avec votre enfant, des listes des personnes familières de confiance : l'éducatrice du service de garde, l'enseignante, la maman du meilleur ami, Monsieur et Madame Copain, la meilleure amie de maman… Puis, une liste des personnes familières presque inconnues : le chauffeur d'autobus, le monsieur du dépanneur, le voisin d'en face, la serveuse du restaurant du coin…

Quant aux proches, ce sont habituellement ceux et celles qui composent la famille ainsi que les amis que vous voyez beaucoup : maman, papa, grands frères, sœurs, grands-parents… Malheureusement, il est théoriquement possible qu'une personne inscrite comme étant digne de confiance ne le mérite pas. Aussi, sans sombrer dans la paranoïa, soyez sensible, en faisant cet exercice avec votre enfant, à ses réticences quand il s'agit d'inclure telle ou telle personne dans le groupe de confiance. Interrogez-le tranquillement sur les motifs de ses réserves.

Pour vous assurer que l'enfant a bien identifié quelles sont les personnes fiables par rapport aux autres qui, sans être nécessairement de mauvaise foi, ne peuvent pas obtenir toute sa confiance, vous pouvez vous amuser à faire ce test facile.

Mêlez dans un sac, sur des papiers individuels, tous les noms recensés et d'autres : gentil grand-père qui cherche son chat, personne handicapée qui veut de l'assistance, etc. Pigez des papiers au hasard, lisez les noms et demandez aux enfants à quelle catégorie ils appartiennent. Accordez des bons et des mauvais points. Récompensez les meilleures réponses. Utilisez le jeu et l'humour puis expliquez pourquoi telle conduite est préférable à une autre...

Qui sont les personnes de confiance ?

Deuxième étape

Assurez-vous que, dès que possible, votre enfant connaît son nom et le vôtre au complet, son adresse et son numéro de téléphone. Expliquez-lui qu'il ne doit pas donner ces renseignements personnels à des étrangers. Chaque fois que vous allez avec lui au centre commercial ou dans un endroit achalandé, rappelez-lui de rester à portée de vue et, dans le cas où vous seriez séparés par la foule, rappelez-lui de se rendre au comptoir du plus proche magasin pour que le préposé vous fasse appeler aussitôt. Dans un tel contexte, la caissière du magasin ou le gardien de sécurité devient, provisoirement, la personne de confiance désignée.

Troisième étape

Dès que votre enfant est capable de mémoriser des chiffres, préparez avec lui une courte liste de numéros de téléphone à appeler en cas d'urgence. Deux ou trois suffisent. L'enfant d'âge scolaire doit savoir quoi faire lors de situations imprévues et imprévisibles. Si vous lui avez fixé rendez-vous à la sortie de l'école à une heure précise et que vous n'y êtes pas, que fera-t-il? S'il rentre à la maison à l'heure dite et que vous avez été retardé, que souhaitez-vous qu'il fasse? Il doit toujours emprunter le même parcours pour rentrer de l'école et franchir cette distance avec des amis, s'il est autorisé à le faire sans la présence d'un adulte responsable. Il ne doit aller nulle part sans que vous, ou la personne responsable, ayez été mis au courant et n'ait donné son autorisation.

- Documentez-vous et éduquez votre enfant à la sexualité d'abord.
- L'enfant est une personne à part entière, non un adulte en miniature.
- Respectez son âge, sa pudeur…

6. L'agresseur familial : pour en finir avec le parent incestueux

Les signes permettant de reconnaître qu'un enfant est sexuellement abusé, et sur lesquels nous reviendrons au chapitre 12, circulent assez largement. On se préoccupe moins de signaler certaines caractéristiques de l'agresseur familial. En voici quelques-unes[12] :

- intérêt singulier à l'endroit des enfants ;
- favoritisme marqué envers un enfant de la famille ;
- rigidité excessive des méthodes éducatives ;
- propos contradictoires ou réponses évasives sur les malaises physiques de l'enfant (irritations, inflammations…) ainsi que sur ses troubles affectifs et psychologiques (stress, peur, déroute…) ;

12. Extrait « La sécurité ou le développement de l'enfant est compromis… » de la *Loi sur la protection de la jeunesse*, Commission des droits de la personne et des droits de la jeunesse, Québec, 1999.

- emploi de moyens étonnants, déraisonnables ou démesurés pour éduquer et prendre soin de l'enfant;
- consommation de pornographie juvénile[13].

Répétons-le: la majorité des abus sexuels commis sur des enfants surviennent à l'intérieur de la famille. Il y a une nette prédominance des cas d'inceste père-fille ou beau-père-fille, et l'âge moyen des victimes est de 10 ans. Bien sûr, l'idéal serait d'axer la prévention auprès des agresseurs potentiels. Mais comment les rejoindre? L' homme au comportement incestueux ressemble à M. Tout-le-monde. Façade souvent irréprochable: bon travailleur, bon pourvoyeur, à cheval sur les principes, valeurs strictes et «esprit de famille». Il ne voit pas les larmes et la souffrance de l'enfant dont il abuse. Il se raconte des sornettes: «elle aime ça», «elle est folle de moi», «elle va bien à l'école», «elle est heureuse». Parfois, il ne fait pas la différence entre sexualité et affectivité. Parfois, il se sent propriétaire de son enfant. Parfois, il va jusqu'à accorder une valeur éducative à sa conduite.

C'est seulement lorsqu'ils sont reconnus coupables et qu'ils y sont obligés que ces hommes se résignent à se faire soigner. Dans cet esprit, une étude a montré, il y a une dizaine d'années, que ce sont les victimes d'inceste qui recourent le plus fréquemment aux thérapies (80 p. cent), suivies par le parent non abusif, la mère la plupart du temps (56 p. cent). L'agresseur, lui, ne se fait traiter que dans 26 p. cent des cas[14]. Invraisemblable mais vrai: les déséquilibrés se sentent «normaux» et dégagés, alors que leurs victimes cherchent à reconstruire leur moi fracturé.

Si vous soupçonnez un adulte de votre entourage d'être attiré sexuellement par sa fillette, son neveu ou tout autre enfant, vous pouvez, à défaut d'aborder directement la question avec lui, lui offrir ce livre. Sait-on

13. Cette caractéristique n'est pas spécifique à l'agresseur familial.
14. «Survivre à l'inceste. Mieux comprendre pour mieux intervenir», La collective par et pour Elle, Québec, 1989.

jamais… Peut-être que, en étant mieux documenté sur les préjudices que peut causer à l'enfant ce dérèglement adulte ainsi que sur son droit au traitement, il préférera se faire aider avant de commettre l'irréparable. Tendre la perche au présumé agresseur, c'est déjà le démasquer un peu, le déstabiliser.

Parent ou pas parent : tes patoches dans tes poches !

Regardez ce dessin avec votre enfant. Que ferait-il à la place de la fillette ? S'il hésite, semble incertain, dit que ça dépend de la personne, donnez-lui fermement la seule bonne réponse, et ce pour n'importe quelle personne qui tente de le tripoter :

NON, NE ME TOUCHE PAS !

7. L'agresseur familier : pour en finir avec le pédophile ami

L'agresseur « ami », c'est souvent l'entraîneur sportif, le chef scout, le gardien, le moniteur, etc. En raison même de la confiance qu'on lui témoigne, l'enfant est plus exposé à sa ruse. Il n'est pas rare qu'il envoûte d'abord les parents. Une mère monoparentale pourra croire qu'il incarne la figure masculine idéale dont son fils a besoin. Présent, disponible, à l'écoute, compréhensif, dévoué et serviable, il s'intéresse aux progrès de l'enfant et lui consacre une grande attention. Si l'ami adulte de votre enfant est une sorte de saint, presque trop parfait pour être vrai, la vigilance s'impose. Au-dessus de tout soupçon, il est souvent très respecté dans son milieu. Quand on y regarde de plus près, c'est souvent un grand enfant lui-même.

Les préadolescents et les jeunes adolescents, rebelles, téméraires et pressés d'éprouver l'autorité parentale, se rendent plus vulnérables envers ce prédateur qui ne manquera pas d'exploiter ces occasions. Il s'arrange pour être en charge d'activités impliquant des enfants dont le développement physique correspond à son penchant érotique et change de proie dès que son objet de désir dépasse l'âge requis. C'est pourquoi il est courant qu'un pédophile-ami ait agressé des centaines d'enfants avant d'être démasqué.

L'approche du pédophile se fait souvent graduellement: chatouillements ou rudoiements justifiables, collage et frottage apparemment innocents, jeux ou sports qui obligent à se dévêtir, touchers génitaux qui semblent faits par inadvertance, puis de plus en plus ouvertement... Plus tard, il achètera le silence de sa victime en la récompensant, en s'assurant que le contact sexuel lui procure du plaisir.

Il est judicieux de vérifier la conduite des personnes adultes qui s'occupent régulièrement de votre enfant.

- Ne présumez pas que les organismes s'en sont occupés.
- Rencontrez les personnes responsables des groupes qu'il fréquente.
- Informez-vous des méthodes de sélection du personnel, salarié ou bénévole.
- Exigez des références chaque fois que vous retenez les services d'un adulte pour s'occuper de votre enfant.
- Ne vous gênez pas pour demander les numéros d'assurance sociale et de permis de conduire. Une personne sans antécédent judiciaire ne sera pas embarrassée de ces demandes.
- Sachez être attentif aux changements d'attitudes de votre enfant.

LE PROBLÈME D'ALEXANDRE

Alexandre est passionné de natation depuis plusieurs années. Ces dernières semaines, il a raté ses cours: un jour, il a mal à la tête, l'autre jour, il est fatigué et aujourd'hui, il retarde le moment du départ...

«Que se passe-t-il? Tu n'aimes plus nager?

— Non. J'adore ça!

— Alors, pourquoi as-tu l'air aussi triste? Tu ne progresses pas à ton goût?

— C'est pas ça.

— As-tu changé d'entraîneur? Il y a un nouveau moniteur maintenant avec Claudine, non?

— Oui. Euh…non. C'est toujours Claudine la responsable mais…
— Mais… ?
— L'autre, il s'appelle Fred. Il vient l'aider. Il est très bon et il est drôle, mais…
— Il n'est pas gentil avec toi ?
— Au contraire. Il s'occupe beaucoup de moi. Il me demande souvent de l'aider au vestiaire… Il est très gentil et je l'aime beaucoup, mais…
— Alors ? Il est gentil, tu dis que tu l'aimes bien, mais je sens que quelque chose te préoccupe. A-t-il fait quelque chose qui t'a déplu ?
— Non. Euh… je sais pas. Des fois, il joue avec moi, puis j'aime pas ça.
— Tu n'aimes pas comment il joue. Qu'est-ce qu'il te fait ?
— Ben… Il se colle sur moi…
— Tu lui as dit d'arrêter ?
— Oui. Il continue.
— Tu en as parlé à Claudine ?
— Non. Elle est avec l'autre groupe.
— Je comprends. C'est pour ça que tu ne veux plus y aller, n'est-ce pas ?
— Oui. Je déteste ça.
— Je suis contente que tu m'en aies parlé. Je n'aime pas ce que ce Fred te fait.
— Il ne m'a pas fait mal. Tu sais, c'est pas si grave…
— Je n'aime pas comment il agit. Ce qu'il fait n'est pas correct puisque tu ne veux plus aller nager. Non… ?
— Ouais…
— Parce que tu m'en as parlé, on va pouvoir trouver une solution. Tu veux bien qu'on essaie de trouver une solution ?
— Oh oui ! »

Alexandre a-t-il bien fait d'en parler à sa mère?
Aurait-il dû en parler plus tôt?
Qu'aurais-tu fait à sa place?
Et si sa mère ne l'avait pas écouté, qu'est-ce qu'il aurait dû faire?
Que peuvent faire Alexandre et sa mère maintenant pour régler le problème?

- Un enfant bien informé a plus de chances de ne pas devenir une victime.
- Apprenez-lui à trouver des solutions en gardant la tête froide.
- Écoutez-le, il vous écoutera ; parlez-lui, il vous parlera ; respectez-le, il se fera respecter.

8. L'agresseur inconnu : pour en finir avec le pervers sympathique

L'agresseur inconnu est celui qui ne fait pas partie de l'environnement habituel de l'enfant. Ce dernier se leurre en croyant qu'il apparaît par hasard, car c'est tout à fait à dessein qu'il se trouve sur sa route. C'est le Monsieur dans sa belle voiture, le flâneur du parc, l'égaré qui cherche son chemin, le vieux qui a perdu son chat, la malheureuse qui réclame de l'aide, le gars *cool* qui possède de bien beaux jouets électroniques ou dont la chienne vient d'accoucher. Tout enfant est susceptible de le croiser ; tout enfant constitue une victime potentielle du simple fait qu'il est petit, moins ingénieux, moins rusé et moins puissant que celui qui le traque. Le traitement et la guérison de ces prédateurs sexuels étant bien aléatoires, tous nos efforts doivent être déployés pour leur faire obstacle et pour bâtir de solides programmes de prévention destinés aux enfants. Malheureusement, il n'y a pas de moyen infaillible de les reconnaître.

Que ferais-tu à la place de la fillette?

Que ferais-tu à la place du garçon ?

Bien qu'on ne puisse brosser de portrait-type de ce prédateur, les spécialistes ont constaté que le récidiviste est généralement un célibataire âgé de plus de 25 ans. Il vit seul ou avec ses parents et la plupart du temps, il n'a pas de femme ou d'homme adulte dans sa vie. S'il est ou a été marié, sa relation de couple est particulière et laisse présumer qu'elle implique peu ou pas de relations sexuelles. Il traque les enfants comme le chat sadique traque la souris. C'est le plus dangereux de tous les agresseurs ; il peut commettre des gestes extrêmes, irréparables, lorsqu'il se sent menacé. Il pose aux enfants des pièges que vous devez leur apprendre à contourner.

Avec votre enfant, regardez les « trappes » Botoutou et Nintendo et discutez des dispositions à prendre dans de telles circonstances. On ne doit jamais tenter d'approcher ou de mettre l'agresseur en défaut. La seule solution : s'éloigner rapidement !

Votre fillette se met à appeler et à chercher Botoutou ? Ne vous affolez pas. Si vous lui demandez : « Pourquoi as-tu aidé cet inconnu à chercher son chien ? » et qu'elle vous répond : « Ben… C'était pas un étranger. C'était un gentil et triste monsieur. Et son petit chien était super ! », ne la disputez pas. La plupart des enfants, confiants et altruistes, s'attendrissent devant le sort d'un animal perdu et de son pauvre propriétaire. Reprenez plutôt calmement les explications selon lesquelles elle doit s'écarter sans tarder, sans même prendre le temps d'écouter ce que l'inconnu tente de lui dire. Même mot d'ordre pour la trappe Nintendo. « Peut-être que ce monsieur n'était pas un agresseur sexuel, mais peut-être en était-il un, alors, tu ne dois prendre aucun risque. Est-ce que c'est clair ? »

LE TEST DES TROIS QUESTIONS

Si tu te trouves dans une situation où une personne, même une personne que tu connais bien, te demande de l'aider ou de la suivre, tu dois te poser trois questions :

1. Est-ce que mes parents sauront où je suis si j'accepte ?
2. Est-ce que quelqu'un me viendra en aide si j'en ai besoin ?
3. Est-ce que je me sens vraiment bien avec l'idée d'aider ou de suivre cette personne ?

Un seul Non à une seule de ces questions t'indique que tu dois refuser sans hésiter. Et ce, même si l'individu semble bien en peine et qu'il t'a appelé par ton prénom.

Si tu te sens en danger, tu dois te rapprocher d'un groupe de personnes ou entrer dans un magasin et t'adresser à la caissière.

Il n'est pas impoli de refuser de l'aide à une grande personne qui t'en fait la demande. « Un adulte ou un adolescent qui a besoin d'aide doit s'adresser à une grande personne pour obtenir les informations dont il a besoin. »

Défendez-lui de se trouver seul dans une foule ou dans un lieu isolé.

Rappelez-lui qu'il ne doit jamais se laisser tenter par un cadeau ou une promesse de récompense. Que ces gâteries, tout comme les mauvais secrets, sont des présents empoisonnés.

Formez au besoin avec vos voisins des groupes de solidarité : en notant les suspects, en partageant vos inquiétudes, en avertissant les policiers.

Faites tout ce que vous pouvez pour que votre enfant ne se trouve pas au mauvais endroit au mauvais moment.

9. L'agresseur masqué: pour en finir avec le prédateur électronique*

Ce « Zorro » libidineux est choyé par le réseau Internet. Il y « surfe » sur une quantité incroyable de matériel pornographique infantile, se procure des images qui nourrissent son érotisme tordu et s'y fait conforter dans sa déviance par les groupes de soutien aux pédophiles. Ceux-ci s'y décrivent, incognito, leurs fantasmes, s'encouragent mutuellement à assouvir leurs désirs, échangent leurs tactiques manipulatrices pour créer le contact avec l'enfant, puis pour obtenir audience auprès de lui. Connaissant la difficulté de traiter les pédophiles et sachant l'aspect fragile et hypothétique de leur guérison, je doute que celui qui serait en thérapie ou « en rémission » puisse résister à de semblables tentations. Parmi les organisations pédophiles opérant sur le Net, on note: la René Guyon Society, la Lewis Caroll Collector's Child et la North-American Man-boy Love Association (NAMBLA). Cette dernière perle s'acharne à vouloir légitimer les abus sexuels que des adultes font subir à des

---

* Au moment où je corrige les épreuves de ce chapitre, des parents m'informent que leur fillette de 4 1/2 ans a reçu à plusieurs reprises des appels téléphoniques obscènes. L'agresseur téléphonique a été retracé: un pédophile récidiviste qui n'avait pas le droit de s'approcher des enfants. Il semble que cette forme d'agression sexuelle d'enfants soit de plus en plus fréquente.

enfants, publie un bulletin d'information à l'appui de sa « philosophie » et conseille ses membres sur les moyens de séduire les petits.

Que ferais-tu dans les situations suivantes ?

- Un adulte entre en contact avec toi sur le Net.
- Il veut établir une correspondance régulière avec toi.
- Il te demande ton âge. Ton nom. Ta photo. Ton adresse. Ton numéro de téléphone.
- Il te promet des jouets électroniques, des objets de collection, plein de trucs alléchants au moment de votre rencontre.

* Si possible, bloquez à votre enfant l'accès des sites contenant de la pornographie, de la violence, de la pédophilie.
* Faites en sorte de placer l'ordinateur dans la salle familiale, surtout si votre enfant est âgé de 6 à 12 ans.
* Exigez qu'il ne transmette jamais ses coordonnées, pas même son nom, sans votre permission.

10. Que ferais-tu si ?

- Tu me perdais dans une foule ?

- Quelqu'un te parlait au téléphone de sexualité ?

- Quelqu'un que tu connais décidait de t'amener au parc d'attractions sans mon autorisation?
- La voisine venait te chercher à l'école sans que je t'en aie avisé?

- Tu perdais tes clés?
- Un vieil homme te demandait de l'aider à chercher son petit chat?

- Ton gardien te permettait d'aller au lit plus tard à condition de te donner ton bain ?

- Quelqu'un te disait que tes parents ont eu un problème et qu'il doit t'amener les rejoindre ?
- Un grand que tu aimes beaucoup (frère, père, oncle ou tante…) te faisait des touchers sexuels ?

Allez-y de votre créativité. Faites ce test avec un groupe d'enfants. Proposez des situations de votre cru. Amusez-vous à évaluer leurs aptitudes à se protéger. Vous pouvez établir un système de pointage, récompenser les meilleures réponses. Le secret d'une saine et efficace prévention : utiliser l'humour, le jeu, sans dramatiser. Expliquez-leur pourquoi telle conduite est préférable à telle autre. Redonnez les renseignements qui ne semblent pas pleinement compris.

Aux plus petits, rappelez l'histoire du petit cochon poursuivi par le méchant loup.

> « Petit cochon, laisse-moi entrer dans ta maison ! » s'écrie le loup.
> « NON, NON, pas question ! répond le petit cochon. Tu ne toucheras pas un poil de mon menton. »

TEST CONCRET MAIS DISCRET

Vous pouvez, en dernier recours, faire l'ultime test qui vous permettrait d'évaluer jusqu'à quel point votre enfant a compris les règles de prudence. Arrangez-vous pour qu'un voisin aille le chercher à l'école ou pour qu'une amie à vous l'invite à venir prendre un goûter avec son camarade sans que vous ou une personne responsable (sa gardienne ou son enseignante, par exemple) l'ayez prévenu ou autorisé à le faire. Ce petit jeu peut, à juste titre, vous paraître un brin cynique mais, exceptionnellement, il peut s'avérer justifié de le mettre à exécution pour vous rassurer.

Le comportement souhaitable, dans un tel cas, est évidemment que l'enfant s'en remette à son enseignante ou tente de vous joindre, plutôt que de suivre le voisin ou d'entrer chez l'amie qui fait du bien bon gâteau. S'il mord à l'hameçon, n'avouez pas que vous aviez tout organisé. Pas question non plus de le réprimander ou de lui faire craindre le voisin ou l'amie indûment. Dites-lui simplement que le fait qu'il ait suivi l'un ou qu'il soit entré chez l'autre, sans votre autorisation préalable, n'était pas une décision adéquate bien qu'elle fût sans conséquence fâcheuse cette fois-ci. Exigez que désormais, pour sa sécurité et pour votre tranquillité, il obtienne d'abord votre accord ou celui de la personne responsable désignée.

Si votre besoin de quiétude vous pousse à mettre de l'avant cette manœuvre, elle ne devra, sous aucun prétexte, être répétée et l'enfant ne devra pas se douter que vous avez fabriqué l'événement. Il pourrait alors voir dans vos méthodes de prévention un jeu de cache-cache et l'objectif serait irrémédiablement faussé s'il tombait dans le piège d'un individu réellement mal intentionné en se disant : « Ah ! c'est encore maman qui me joue un tour ! Je vais lui montrer que je suis plus malin qu'elle et que je l'ai démasquée en suivant cette personne… » C'est donc avec une infinie réserve que j'ose vous proposer cette mise à l'épreuve.

MOT DE PASSE ?

Je n'ai jamais été fervente de l'utilisation d'un mot de passe[15], en vogue il y a quelques années. À tort, l'enfant se sentait en parfaite sécurité dès que

15. Cet outil consiste à convenir avec l'enfant d'un mot de passe secret ; l'enfant ne doit sous aucun prétexte suivre une personne qui ne lui divulgue pas ce mot.

quelqu'un savait répondre à sa question: «Peux-tu me donner le mot de passe?» Et puis, on a constaté que les enfants le divulguaient allègrement à leurs pairs, que le mot mystère parvenait aisément à des oreilles indiscrètes, qu'il fallait le remplacer si souvent que l'enfant finissait par ne plus savoir lui-même quel était le bon mot de passe…

J'estime plus prudent d'établir un plan simple et explicite, en trois règles, à appliquer au besoin. Comme un plan d'évacuation en cas d'incendie. Lors de circonstances imprévues et imprévisibles, en cas de doute ou d'urgence, votre enfant doit savoir:

1) le nom et le numéro de téléphone des adultes de confiance désignés;
2) qu'il ne doit jamais quitter l'école avec qui que ce soit sans votre permission;
3) que c'est vous seulement qui pouvez lui dire à qui il peut se fier en votre absence.

11. Dis-moi ta réaction, je te dirai qui est le patron !

1. Une belle dame t'appelle par ton prénom en disant qu'elle vient de la part de ta maman qui a eu un accident et qui te réclame à son chevet à l'hôpital.

A) Tu t'approches de la voiture et tu discutes avec elle.

B) Tu montes dans la voiture pour rejoindre ta maman au plus tôt.

C) Tu dis « NON » et tu te rapproches d'un groupe de personnes.

2. Un homme que tu aimes bien t'a demandé de toucher son sexe et ça t'a fait peur. Tu en as parlé à un adulte qui ne t'a pas cru.

A) Tu renonces à en parler, parce que tu penses que personne ne te croira.
B) Tu es triste et tu décides d'attendre que quelqu'un devine ton secret.
C) Tu en parles à une autre personne puis à une autre et encore à une autre jusqu'à ce que l'une d'elles te croie.

3. Tu as un sympathique nouveau voisin. Au retour de l'école, il te dit que sa chatte a accouché et t'invite à venir voir les chatons.

A) Tu hésites parce que tu ne le connais pas beaucoup.

B) Tu y vas sans hésiter, car tu adores les chats.

C) Tu dis: « NON, pas avant d'avoir eu l'autorisation de mes parents. »

4. Tu te retrouves seul dans la ruelle avec ton vélo brisé. Monsieur Tartempion, que tu rencontres parfois en allant au magasin, te propose de le descendre dans sa cave où il a tout ce qu'il faut pour le réparer.

A) Tu le suis, car tu veux rejoindre tes amis au plus tôt.

B) Tu t'assures qu'il a bien les outils nécessaires et qu'il sait comment faire.

C) Tu dis « NON ! » sans hésiter. Tu te rappelles qu'il ne faut jamais entrer dans une maison sans l'accord de tes parents.

5. Tu rencontres un homme qui, sa mallette à la main, fait très sérieux. Il dit qu'il est médecin et qu'il se rend au secours d'une grand-mère malade. Il te demande de l'aider à trouver rapidement son adresse.

A) Tu pars à pied avec lui à la recherche de la maison.
B) Tu t'informes du nom de la mamie pour savoir si tu la connais.
C) Tu t'éloignes en disant: «NON, je ne peux pas vous aider. Demandez de l'aide à une grande personne!»

6. Ton père, ta tante ou ton gardien te touche le pénis, les fesses ou la vulve.

A) Tu supportes ces gestes, car tu as peur et après tout, cette personne t'aime bien.

B) Tu es très mal à l'aise mais tu n'oses rien dire, car cette grande personne t'a dit que c'était normal.

C) Tu dis: « NON, ne me touche pas! » et tu en parles à un adulte de confiance.

7. Au parc, tu croises quelqu'un qui s'est blessé. Il a très mal à la cheville et te demande de l'aider à se relever en te tendant la main.

A) Tu t'empresses de lui venir en aide, car on t'a appris à être serviable.

B) Tu ne sais trop que faire, car cet homme semble en bien mauvaise posture.

C) En t'éloignant, tu dis: « NON. Je vais dire à un adulte de venir vous aider. »

8. Un adolescent te dit que tu pourras faire partie de sa bande si tu passes le test de te mettre tout nu ou toute nue. Il affirme que tous les autres l'ont fait et ont gardé le secret.

A) Tu obéis, car les grands commandent aux petits et puis tu ne veux pas passer pour un bébé.
B) Tu refuses mais tu gardes le secret, car il a menacé de te battre si tu en parlais.
C) Tu dis : « NON » et tu en parles tout de suite à une personne de confiance.

9. Un gentil monsieur qui flâne au terrain de jeu vous parle de « sexe » à tes amis et à toi.

A) Tu l'écoutes en pensant: « Enfin quelqu'un qui veut m'informer! »
B) Tu es gêné, mais tu te sens brave parce que tu es avec tes amis.
C) Tu t'en vas et tu invites tes copains et copines à te suivre, car même s'il ne demande rien, c'est louche!

10) Quelqu'un que tu aimes te fait une grosse caresse qui te rend heureux.

A) Tu es content et te crois obligé de rendre la pareille.
B) Tu es content, mais tu ne le montres pas.
C) Tu es content, tu donnes un bisou si tu en as envie. Tu dis et montres ta joie d'être aimé!

Si tu as répondu C partout, tu es un vrai, un très grand patron, une très grande patronne. **Bravo !** Si tu as répondu C à toutes les questions sauf à la dernière, c'est très bien, mais souviens-toi que tu as le droit de donner et de recevoir de l'affection.

Si votre enfant a parfois répondu des A et B aux questions du test qui précède, vous devrez, sans dramatiser, revoir ensemble les moyens de se responsabiliser et de se prémunir des abus sexuels. Surtout, ne vous culpabilisez pas. Les sollicitations sexuelles de l'adulte sont si louvoyantes, séductrices et trompeuses qu'il est compréhensible que l'enfant soit tenté de s'y laisser prendre.

QUELLE EST L'ERREUR?

Dans chacun des 3 dessins de la page précédente, les enfants commettent la même erreur. Peux-tu dire quelle est cette erreur?

- N'inscrivez pas de manière visible les nom et prénom de votre enfant sur ses vêtements ou objets scolaires et, s'il a sa clé attachée autour du cou, faites en sorte qu'elle ne soit pas visible.
- Montrez-lui les endroits où vous ne voulez pas qu'il passe.
- Assurez-vous qu'il a toujours sur lui une pièce de monnaie ou une carte d'accès téléphonique dont il est capable de se servir.

Solution de la page 84.

Ils se sont arrêtés pour écouter la personne au lieu de s'éloigner sans tarder.

Je sais quoi faire pour me protéger.

12. En cas de soupçons...

Un enfant qui garde le silence sur une sollicitation sexuelle adulte dont il a été l'objet le fait parce qu'il a le sentiment que c'est un moindre mal: il est angoissé et ne sait comment se défaire de son anxiété. S'il tait déjà l'invitation malhonnête, le risque est bien grand qu'il reste muet s'il en vient à subir concrètement un abus. Aussi aberrant que cela puisse être, l'agresseur domine si bien sa victime qu'il parvient à lui faire porter le poids de la faute. En plus d'être agressé, l'enfant se laisse convaincre par son oppresseur que c'est lui le coupable, qu'il sera rejeté et puni si le secret est dévoilé. Il est doublement trompé. Dans cette relation tordue, l'agresseur va jusqu'à faire croire à l'enfant que c'est lui, l'adulte, qui est victime du méchant enfant!

Voilà pourquoi il est d'une importance capitale que l'enfant sache, sente, comprenne qu'il peut et qu'il doit parler librement des faits entourant la sexualité sans que cela fasse paniquer les parents. Lorsque l'enfant parle d'une sollicitation sexuelle aussitôt qu'elle lui a été adressée, le processus du prédateur est saboté. Lorsque l'enfant se tait, il est pris dans l'engrenage.

S'il vous arrivait d'observer chez un enfant une combinaison des indices suivants:

- crainte inhabituelle de certains adultes ou refus d'être laissé avec ceux-ci,
- refus de se dévêtir dans certains lieux (piscine, vestiaire…) ou pour dormir, ou désir d'enfiler une quantité excessive de vêtements,
- aversion ou fascination inaccoutumée pour les contacts physiques,
- allusion au fait qu'il est le préféré d'Untel,
- peur inusitée de certains endroits (de l'école, de la voiture, des toilettes de la garderie),
- irritations ou changements inexpliqués au niveau des organes génitaux, de l'anus, de la bouche (de grâce! n'attendez pas de constater une dilatation anale, un saignement vaginal, la présence de cheveux, de poils ou de sécrétions pour réagir),
- vocabulaire sexuel étonnamment élaboré,
- intérêt insolite pour la sexualité adulte, comportements et intérêts génitaux inadéquats pour son âge (avec d'autres enfants, des animaux, des jouets),
- comportements de séduction excessifs (il s'agit en réalité de soumission),
- déclarations ou dessins explicitement sexuels,
- régression, troubles du sommeil, perte d'intérêt pour ses jeux habituels, difficulté de concentration, troubles de l'appétit (ne s'alimente plus ou dévore littéralement) ou gastro-intestinaux…,

vous devez vérifier, avec tact, le bien-fondé de vos inquiétudes.

« Je te sens tout triste et je voudrais t'aider... » Insistez en douceur : « Il y a des choses qui sont dures à dire. Parfois, on a peur des conséquences ou on a honte mais on ne devrait pas. Parfois aussi, on craint de faire du mal à quelqu'un... »

Si votre doute persiste et que l'enfant se mure dans le silence, se méfie ou réagit violemment, ne vous laissez pas intimider par des proches qui vous diraient que vous hallucinez ou que vous êtes hystérique. Osez dire : « Je pense que quelqu'un te fait des choses qui ne te plaisent pas et que tu as peur d'en parler. Cela arrive, malheureusement, à trop d'enfants. » Si vous restez calme, si vous ne lui suggérez pas les réponses, il saura bien vous le dire si vous vous trompez.

Enfin, si vous craignez d'être malhabile ou de brusquer l'enfant, faites-vous aider dans cette démarche par un professionnel qualifié que vous consulterez seule d'abord, sans que l'enfant soit mis au courant, à ce stade-ci, de votre démarche.

Si votre enfant vous confie qu'il a été l'objet de sollicitation sexuelle ou d'abus, croyez-le. Les fausses déclarations d'enfants sont rarissimes en ce domaine et vraisemblablement inexistantes de la part des tout-petits. Ce sera alors votre devoir, non seulement de le soustraire à toute récidive, mais aussi de lui fournir une interprétation de ce qu'il a vécu et de l'éveiller à une autre vision de la sexualité. L'enfant victime d'abus sexuels subit des préjudices affectifs graves et a besoin d'être aidé.

L'attitude des membres de la famille est toujours capitale : au moment de prévenir les abus, afin que l'enfant assimile l'idée de se protéger sans être bouleversé ; au moment de réparer, afin de ne pas aggraver son sentiment de culpabilité et de le délester du poids de la faute.

ET PUIS ENCORE...

- Gardez votre calme.
- Prenez du temps pour parler avec lui ou elle ; informez-vous de ses préoccupations et de ses soucis.

- Encouragez-le à se confier, comme il le ferait s'il s'était fait voler son vélo.
- Écoutez-le attentivement s'il vous dit qu'il n'aime pas la personne à qui vous le confiez ou s'il décrit un abus indirectement: « Un de mes amis m'a raconté que… »
- Tentez de démêler les faits.
- Évitez les conclusions hâtives qui le bouleverseraient davantage.

QUE FAIRE SI L'ENFANT DÉVOILE UN ABUS

- Encouragez-le à en parler, sans le brusquer.
- Utilisez les mêmes mots que lui pour en parler.
- Tentez délicatement de lui faire préciser les faits s'il en parle de manière vague.
- Évitez les jugements et les reproches.
- Montrez que vous le comprenez. L'attitude de la première personne à recevoir la confidence est déterminante dans le processus de guérison de l'enfant. C'est à ce moment précis que commence à se rétablir sa capacité de confiance en l'adulte.
- Rassurez-le en lui disant qu'il a bien fait de vous en parler.
- Affirmez qu'il n'est aucunement responsable. L'enfant, pour donner un sens à cet événement, pourra croire que c'est arrivé par sa faute, qu'il est puni pour ses inconduites, réelles ou imaginaires.
- Offrez-lui votre protection, promettez-lui de l'aider, et tenez cette promesse.
- Signalez le cas à la Direction de la protection de la jeunesse (DPJ) si l'abus a lieu à l'intérieur de la famille et aux autorités policières si l'abus est extra-familial.

Je le répète : les allégations mensongères sont extrêmement rares et surviennent le plus souvent dans des contextes de bagarres juridiques entre les parents quant aux droits d'accès ou de garde. Et il s'agit alors plus « d'un processus progressif de contamination de son récit[16] » par l'un des parents que d'un mensonge de l'enfant. Beaucoup d'enfants abusés sexuellement tentent plutôt « [...] de minimiser l'intensité et la fréquence des abus et il y aurait bien plus, de leur part, de fausses négations d'abus que de fausses allégations[17] ». Quant aux soins à prodiguer à l'enfant, il revient à un organisme spécialisé ou à un professionnel compétent d'en décider. Ils varieront selon le lien entre l'agresseur et la victime, l'âge de l'enfant, le type et la durée de l'abus, la nature des gestes commis, etc.

16. Van Gijseghem H., *L'enfant mis à nu,* Montréal, Éd. du Méridien, 1992.
17. *Ibid.*

13. Pour vous aider

La protection des enfants est notre affaire à tous: parents, grands-parents, voisins, écoles, associations de quartier, décideurs politiques, médias… Si vous êtes attentif à ce qui arrive à l'enfant de vos voisins, ceux-ci seront à leur tour attentifs à ce qui arrive à votre enfant.

QUELQUES RESSOURCES POUR LES ENFANTS

- *Le secret du petit cheval,* ministère de la Justice, Canada, 1995, disponible sur Internet: www.Canada.justice.gc.ca/Publications/Info_education/Cheval/index_fr.html
- *La violence sexuelle,* Jeunesse j'écoute, ligne téléphonique: www.jeunesse.sympatico.ca/aide/viol.htm

- *Non! Prévenir les abus sexuels*, Petit Monde, www.petit-monde.qc.ca/cd_scripts/chronicle.dll?k_documents=167
- *Avertir les enfants du danger, c'est déjà les protéger*, Joy Berry, Éd. Jean-Paul Saint-Michel, Québec,1996
- *Qui s'y frotte s'y pique : ou comment Lili a appris à dire non*, M. F. Botte et P. Lemaître, Unicef, Paris, 1997
- *J'ai peur du Monsieur*, Virginie Dumont, Actes Sud, Paris, 1997
- Tel-jeunes : Montréal (514) 288-2266, extérieur 1 800 263-2266 Pour les 5 à 20 ans.

POUR LES PARENTS

- La ligne parents : Montréal (514) 288-5555, extérieur 1 800 361-5085. Des professionnels au bout du fil.

POUR LES ADULTES ET LES ENFANTS

- Commission des droits de la personne et des droits de la jeunesse, tél. : 1 800 361-6477 ; courriel : cdpdjbiblio@cdpdj.qc.ca
- Primase (partenariat de recherche et d'intervention en matière d'abus sexuel à l'endroit des enfants) : www.primase.qc.ca
- Direction de la protection de la jeunesse (DPJ), tél. : (514) 896-3000.
- Mouvement contre le viol et l'inceste, tél. : (514) 348-0209.
- Centre national d'information sur la violence dans la famille, Santé Canada, tél. : 1 800 267-1291 ; téléc. : 1 800 561-5643 ; adresse Internet : www.hc.-sc.gc.ca/hppb/violencefamiliale/index.html
- *Décider de réagir : les adolescents et les agressions sexuelles*, F. Mathews et J. Y. Frappier, Centre national d'information sur la violence dans les familles, Ottawa, 1995.

- *Guide info-parents, l'enfant en difficultés,* Michèle Gagnon, Louise Jolin, Louis-Luc Lecompte, Éditions Hôpital Sainte-Justine, Coll. « Parents », 1999, 158 p.
- Regroupement professionnel des sexologues du Québec (RPSQ), C. P. Saint-André, n° 32090, Montréal, Québec, H2L 4Y5, tél. : (514) 990-4470 ; courriel : rpsq@yahoo.fr
- Comité Alexis Danan pour la protection de l'enfance, tél. : 01. 43. 20. 28. 78 (France)

* Veillez à ce que votre enfant revienne de l'école avec un ou deux camarades.
* Pour les petits, organisez une alternance d'accompagnement avec d'autres parents.
* Encouragez les enfants plus grands à s'entraider et à être soucieux des plus petits.

Conclusion
Les abus sexuels: tolérance zéro

Les élèves concluent des ententes avec leurs enseignants. Les spécialistes œuvrant auprès des adolescents signent des contrats d'engagement avec eux. Les thérapeutes établissent un protocole d'authenticité avec leurs clients. Les agresseurs, rusés, ont compris la force de ces traités en ligotant leurs victimes dans le pacte morbide du silence. Lorsque vous aurez fait le tour de la question avec l'enfant, que vous jugerez qu'il est suffisamment éclairé, pourquoi ne pas consacrer votre alliance avec lui en vous engageant mutuellement dans une sorte de convention de dévoilement? Ce contrat, fût-il signé par l'enfant en lettres moulées, griffonnées ou inversées, concrétise à ses yeux l'importance de parler aussitôt à une personne de confiance d'une situation d'exploitation sexuelle et lui fait sentir que vous faites équipe avec lui, que vous le secourerez en cas de besoin.

Les enfants savent bien que certaines grandes personnes font des bêtises, que d'autres éprouvent de sérieuses difficultés de comportement. Ils comprendront que les adultes sexuellement attirés par les enfants ont de graves problèmes dont ils ne doivent pas faire les frais.

Une fois bien informé de la réalité des abus sexuels, votre enfant aura moins peur. Il saura exactement quoi faire s'il doit affronter une telle sollicitation. Il ne sera pas bouleversé. Il aura retenu que comme la lune, la sexualité a une face éclairée, joyeuse, libre et enrichissante et une face cachée, sombre, triste et appauvrissante.

Quand vous aurez fait tout ce que vous pouvez pour que votre enfant soit le plus compétent possible pour se protéger d'éventuels agresseurs, il vous restera à faire confiance. J'espère que ce petit livre aura contribué à faire de lui, d'elle, un être plus indépendant et plus confiant, spontané et affectueux.

Le jour où chaque adulte, homme ou femme, décidera de ne plus jamais fermer les yeux sur l'inceste et sur les abus sexuels, où chacun fera connaître à son entourage, de façon claire et sans équivoque, son engagement à dénoncer et à éliminer ces crimes commis sur les enfants, les prédateurs seront bien obligés de se faire soigner puisqu'ils n'auront plus de proies. Tant et aussi longtemps qu'ils se sentiront protégés par un mur de tolérance, ils n'arrêteront pas.

Bibliographie

BÉGIN, Patricia, *L'exploitation sexuelle des enfants : mémoire retrouvée ou faux souvenir ?* Ottawa, Gouvernement du Canada, 1994, 15 p.

COPE, Carol Soret, *Attention parents !*, Montréal, Les Éditions de l'Homme, 1998, 158 p.

LAMARCHE, Marcelle et Pol DANHEUX, *Se protéger des agressions*, Montréal, Les Éditions de l'Homme, 1987, 64 p.

LOUIS, Sylvie, « Avis de recherche », *Magazine Enfants Québec*, vol. 12, n° 4, Montréal, 2000.

MANSEAU, Hélène, « Abus sexuel et troubles de l'intimité : mieux comprendre pour mieux agir », *Revue sexologique*, Montréal, Éd. Iris, vol. 1, n° 2, 1993.

ROBERT, Jocelyne, « Touche-moi pas ! », *Magazine Enfants Québec*, vol. 11, n° 3, Montréal, 1999.

ROBERT, Jocelyne, *Ma sexualité de 0 à 6 ans*, Montréal, Les Éditions de l'Homme, 1986, 80 p.

ROBERT, Jocelyne, *Ma sexualité de 6 à 9 ans*, Montréal, Les Éditions de l'Homme, 1986, 64 p.

ROBERT, Jocelyne, *Ma sexualité de 9 à 12 ans*, Montréal, Les Éditions de l'Homme, 1986, 64 p.

ROBERT, Jocelyne, *Parlez-leur d'amour… et de sexualité,* Montréal, Les Éditions de l'Homme, 1999, 185 p.

TOURIGNY, Marc, PÉLADEAU, Normand, et Camil BOUCHARD, « Abus sexuel et dévoilement chez les jeunes Québécois », *Revue sexologique,* Montréal, Éd. Iris, vol. 1, n° 2, 1993.

VAN GIJSEGHEM, Hubert, *L'enfant mis à nu,* Montréal, Éditions du Méridien, 1992, 286 p.

***

AACPA (Academy of child and adolescent psychiatry), page web, mai 1996.

Témoignage de Pascale, *La gazette des femmes,* vol. 12, n° 4, Québec, 1990.

Loi sur la protection de la jeunesse, Commission des droits de la personne et des droits de la jeunesse, Québec, 1999.

« Survivre à l'inceste. Mieux comprendre pour mieux intervenir », *La collective par et pour Elle,* Québec, 1989.

SOMMAIRE DES CONTENUS ET ACTIVITÉS DESTINÉS À L'ÉQUIPE PARENT-ENFANT

Table des matières

LES ÉDITIONS DE L'HOMME

Psychologie, vie affective, vie professionnelle, sexualité

20 minutes de répit, Ernest Lawrence Rossi et David Nimmons
1001 stratégies amoureuses, Marie Papillon
À dix kilos du bonheur, Danielle Bourque
L'adultère est un péché qu'on pardonne, Bonnie Eaker Weil et Ruth Winter
*** Aider mon patron à m'aider,** Eugène Houde
Aimer et se le dire, Jacques Salomé et Sylvie Galland
Aimer un homme sans se laisser dominer, Harrison Forrest
À la découverte de mon corps — Guide pour les adolescentes, Lynda Madaras
À la découverte de mon corps — Guide pour les adolescents, Lynda Madaras
L'amour comme solution, Susan Jeffers
*** L'amour, de l'exigence à la préférence,** Lucien Auger
*** L'amour en guerre,** Guy Corneau
L'amour entre elles, Claudette Savard
Les anges, mystérieux messagers, Collectif
Apprendre à dire non, Marcelle Lamarche et Pol Danheux
L'apprentissage de la parole, R. Michnik Golinkoff et K. Hirsh-Pasek
L'approche émotivo-rationnelle, Albert Ellis et Robert A. Harper
Arrosez les fleurs pas les mauvaises herbes, Fletcher Peacock
L'art de discuter sans se disputer, Robert V. Gerard
L'art de parler en public, Ed Woblmuth
L'art d'être parents, Dr Benjamin Spock
*** Astrologie 2000,** Andrée d'Amour
Attention, parents!, Carol Soret Cope
Au cœur de l'année monastique, Victor-Antoine d'Avila-Latourrette
Balance en amour, Linda Goodman
Bélier en amour, Linda Goodman
Bientôt maman, Janet Whalley, Penny Simkin et Ann Keppler
*** Le bonheur au travail,** Alan Carson et Robert Dunlop
Cancer en amour, Linda Goodman
Capricorne en amour, Linda Goodman
Ces chers parents!..., Christina Crawford
Ces gens qui vous empoisonnent l'existence, Lillian Glass
*** Ces hommes qui méprisent les femmes... et les femmes qui les aiment,** Dr Susan Forward et Joan Torres
Ces pères qui ne savent pas aimer, Monique Brillon
Ces visages qui en disent long, Jeanne-Élise Alazard
Changer en douceur, Alain Rochon
Changer ensemble — Les étapes du couple, Susan M. Campbell
Changer, oui, c'est possible, Martin E. P. Seligman
Les clés du succès, Napoleon Hill
Comment aider mon enfant à ne pas décrocher, Lucien Auger
Comment communiquer avec votre adolescent, E. Weinhaus et K. Friedman
Comment contrôler l'inquiétude et l'utiliser efficacement, Dr E. M. Hallowell
Comment faire l'amour sans danger, Diane Richardson
*** Comment parler en public,** S. Barrat et C. H. Godefroy
Comment s'amuser à séduire l'autre, Lili Gulliver
Comment s'entourer de gens extraordinaires, Lillian Glass

Communiquer avec les autres, c'est facile!, Érica Guilane-Nachez
Le complexe de Casanova, Peter Trachtenberg
* **Comprendre et interpréter vos rêves,** Michel Devivier et Corinne Léonard
La concentration créatrice, Jean-Paul Simard
La côte d'Adam, M. Geet Éthier
Couples en péril réagissez!, Dr Arnold Brand
Découvrez votre quotient intellectuel, Victor Serebriakoff
Découvrir un sens à sa vie avec la logothérapie, Viktor E. Frankl
Le défi de vieillir, Hubert de Ravinel
* **De ma tête à mon cœur,** Micheline Lacasse
La dépression contagieuse, Ronald M. Podell
La deuxième année de mon enfant, Frank et Theresa Caplan
Développez votre charisme, Tony Alessandra
Devenez riche, Napoleon Hill
* **Dieu ne joue pas aux dés,** Henri Laborit
Dominez votre anxiété avant qu'elle ne vous domine, Albert Ellis
Les douze premiers mois de mon enfant, Frank Caplan
Les dynamiques de la personne, Denis Ouimet
Dynamique des groupes, Jean-Marie Aubry
En attendant notre enfant, Yvette Pratte Marchessault
* **Les enfants de l'autre,** Erna Paris
Les enfants de l'indifférence, Andrée Ruffo
* **L'enfant unique — Enfant équilibré, parents heureux,** Ellen Peck
L'Ennéagramme au travail et en amour, Helen Palmer
Entre le rire et les larmes, Élisabeth Carrier
* **L'esprit du grenier,** Henri Laborit
Êtes-vous faits l'un pour l'autre?, Ellen Lederman
* **L'étonnant nouveau-né,** Marshall H. Klaus et Phyllis H. Klaus
Être soi-même, Dorothy Corkille Briggs
* **Évoluer avec ses enfants,** Pierre-Paul Gagné
Exceller sous pression, Saul Miller
* **Exercices aquatiques pour les futures mamans,** Joanne Dussault et Claudia Demers
Fantaisies amoureuses, Marie Papillon
La femme indispensable, Ellen Sue Stern
La force intérieure, J. Ensign Addington
Le fruit défendu, Carol Botwin
Gémeaux en amour, Linda Goodman
Le goût du risque, Gert Semler
Le grand dauphin blanc, Bruno Saint-Cast
* **Le grand manuel des cristaux,** Ursula Markham
La graphologie au service de votre vie intime et professionnelle, Claude Santoy
Guérir des autres, Albert Glaude
Le guide du succès, Tom Hopkins
* **Heureux comme un roi,** Benoît L'Herbier
Histoire d'une femme traquée, Gaëtan Dufour
L'histoire merveilleuse de la naissance, Jocelyne Robert
Horoscope chinois 2000, Neil Somerville
Les initiales du bonheur, Ronald Royer
L'insoutenable absence, Regina Sara Ryan
J'ai commis l'inceste, Gilles David
* **J'aime,** Yves Saint-Arnaud
J'ai rendez-vous avec moi, Micheline Lacasse

Jamais seuls ensemble, Jacques Salomé
Je crois en moi et je vais mieux!, Christ Zois et Patricia Fogarty
Je réinvente ma vie, J. E. Young et J. S. Klosko
***Le journal intime intensif,** Ira Progoff
Le langage du corps, Julius Fast
Lion en amour, Linda Goodman
Le mal des mots, Denise Thériault
Maman a raison, papa n'a pas tort..., Dr Ron Taffel
Maman, bobo!, Collectif
Les manipulateurs sont parmi nous, Isabelle Nazare-Aga
Ma sexualité de 0 à 6 ans, Jocelyne Robert
Ma sexualité de 6 à 9 ans, Jocelyne Robert
Ma sexualité de 9 à 12 ans, Jocelyne Robert
La méditation transcendantale, Jack Forem
Le mensonge amoureux, Robert Blondin
Mère à la maison et heureuse! Cindy Tolliver
Mettez du feng shui dans votre vie, George Birdsall
***Mon enfant naîtra-t-il en bonne santé?,** Jonathan Scher et Carol Dix
***Mon journal de rêves,** Nicole Gratton
Parent responsable, enfant équilibré, François Dumesnil
Parle, je t'écoute..., Kris Rosenberg
Parle-moi... j'ai des choses à te dire, Jacques Salomé
Parlez-leur d'amour et de sexualité, Jocelyne Robert
Parlez pour qu'on vous écoute, Michèle Brien
Partir ou rester?, Peter D. Kramer
Pas de panique!, Dr R. Reid Wilson
Pensez comme Léonard de Vinci, Michael J. Gelb
Père manquant, fils manqué, Guy Corneau
Petit bonheur deviendra grand, Éliane Francœur
La peur d'aimer, Steven Carter et Julia Sokol
Les peurs infantiles, Dr John Pearce
Peut-on être un homme sans faire le mâle?, John Stoltenberg
***Les plaisirs du stress,** Dr Peter G. Hanson
La plénitude sexuelle, Michael Riskin et Anita Banker-Riskin
Poissons en amour, Linda Goodman
Pour en finir avec le trac, Peter Desberg
Pour entretenir la flamme, Marie Papillon
Pourquoi l'autre et pas moi? — Le droit à la jalousie, Dr Louise Auger
Le pouvoir d'Aladin, Jack Canfield et Mark Victor Hansen
Le pouvoir de la couleur, Faber Birren
Le pouvoir de la pensée «négative», Tony Humphreys
Préparez votre enfant à l'école dès l'âge de 2 ans, Louise Doyon
***Prévenir et surmonter la déprime,** Lucien Auger
Le principe de Peter, L. J. Peter et R. Hull
Les problèmes de sommeil des enfants, Dr Susan E. Gottlieb
Psychologie de l'enfant de 0 à 10 ans, Françoise Cholette-Pérusse
***La puberté,** Angela Hines
La puissance de la vie positive, Norman Vincent Peale
La puissance de l'intention, Richard J. Leider
Qui a peur d'Alexander Lowen?, Édith Fournier
Réfléchissez et devenez riche, Napoleon Hill
La réponse est en moi, Micheline Lacasse

Les rêves, messagers de la nuit, Nicole Gratton
Rêves, signes et coïncidences, Laurent Lachance
Rompre pour de bon!, Joyce L. Vedral
Ronde et épanouie!, Cheri K. Erdman
S'affirmer au quotidien, Éric Schuler
S'affirmer et communiquer, Jean-Marie Boisvert et Madeleine Beaudry
S'aider soi-même davantage, Lucien Auger
Sagittaire en amour, Linda Goodman
Scorpion en amour, Linda Goodman
Se comprendre soi-même par des tests, Collaboration
Se connaître soi-même, Gérard Artaud
* **Le secret de Blanche,** Blanche Landry
Secrets d'alcôve, Iris et Steven Finz
Les secrets de la flexibilité, Priscilla Donovan et Jacquelyn Wonder
Les secrets de l'astrologie chinoise ou le parfait bonheur, André H. Lemoine
Séduire à coup sûr, Leil Lowndes
* **Se guérir de la sottise,** Lucien Auger
S'entraider, Jacques Limoges
* **La sexualité du jeune adolescent,** Dr Lionel Gendron
La sexualité pour le plaisir et pour l'amour, D. Schmid et M.-J. Mattheeuws
Si je m'écoutais je m'entendrais, Jacques Salomé et Sylvie Galland
* **Superlady du sexe,** Susan C. Bakos
Taureau en amour, Linda Goodman
Le temps d'apprendre à vivre, Lucien Auger
Tics et problèmes de tension musculaire, Kieron O'Connor et Danielle Gareau
Tirez profit de vos erreurs, Gerard I. Nierenberg
Tout se joue avant la maternelle, Masaru Ibuka
* **Travailler devant un écran,** Dr Helen Feeley
Un autre corps pour mon âme, Michael Newton
* **Un monde insolite,** Frank Edwards
Une vie à se dire, Jacques Salomé
* **Un second souffle,** Diane Hébert
Verseau en amour, Linda Goodman
* **La vie antérieure,** Henri Laborit
Vieillir au masculin, Hubert de Ravinel
Vierge en amour, Linda Goodman
Vivre avec un cardiaque, Rhoda F. Levin
Vos enfants consomment-ils des drogues?, Steve Carper et Timothy Dimoff
Votre enfant est-il trop sensible?, Janet Poland et Judi Craig
Votre enfant est-il victime d'intimidation?, Sarah Lawson
Vouloir c'est pouvoir, Raymond Hull
Vous valez mieux que vous ne pensez, Patricia Cleghorn

---

* Pour l'Amérique du Nord seulement.
(2000/1)

Cet ouvrage a été achevé d'imprimer
en mars 2000.

Transcontinental
IMPRESSION
IMPRIMERIE GAGNÉ

IMPRIMÉ AU CANADA